Leipzig 1993   Sophie

Reiner Frei

WIE ERDE UND WIND

edition
PHÖNIX

Für
Mira-Maria
Marianne
Daniele

*Irgendwann beginnen wir
Fragen an unser Leben, an unsere
Wirklichkeit zu stellen, und plötzlich
bemerken wir, daß diese Wirklichkeit
sich bewegt, nachgibt, lebendiger wird
und sich über unseren gewohnten Horizont
hinaus ausweitet. Folgen wir dieser
Bewegung des Herzens und schlagen wir
unsere Augen nicht wieder zu Boden,
dann betreten wir auf unserer Suche nach
Antworten bald einen unsichtbaren*

geheimnisvollen Kreis. Hier begegnen
wir Symbolen, Ritualen, Texten, Zeichen,
Übungen, Mandalas, Bildern, Gedanken,
Chiffren… Sie alle wollen helfen,
uns zu erinnern an eine Wirklichkeit,
die wir zu lange vergessen haben.
Und entsprechend unserem inneren Sehnen
nach Wirklichkeit, beginnen wir uns
daran zu erinnern, daß das Leben das
größte Zeichen ist. Und wir erst
allmählich lernen, es zu lesen.

Tor
der
Wandlung

Durchschreiten

Gott
ist keine
theologische Idee

Wie auch die Blume
keine Idee des
Gärtners
ist

Alles
ist
möglich

Sogar
daß

wir

uns

ändern

Wachsen!

Es
gibt
unzählige
Richtungen des Lebens
aber nur
einen
Weg

Deinen

Nach
innen
gehen

Unbeschreibliche
Landschaft

Innen
und
außen

Im
himmlischen Wind
dahintreiben

Ziellos
ins
Ziel

Die
Wahrheit
können wir
nicht ergreifen

Aber uns ergreifen
lassen

Mit
der Kraft gehen
die uns von innen
führen will

Kein Anfang – Kein Ende

Alles
beginnt
im Herzen

Wie
kann ich
die Zukunft lieben
wenn ich der Vergangenheit
nicht verziehen
habe?

Die schweren Schuhe ablegen

Wieder den Weg spüren

Wenn
die
Tür
aufgeht

Nicht
zögern

Blumen
öffnen sich einfach
im Sonnenschein

Trau
deinen
Krisen

Sie
werden
dich
ändern

Der
Sehnsucht
vertrauen

Bis
unser Herz
zu fliegen
beginnt

Wenn

wir

weiter

wollen

spüren

wir

die

Fesseln

Geheimnis
des
Weges

Schönheit
der
Bewegung

Ist
nicht alles
geheimnisvoll
miteinander
verbunden?

Kommst
du mir entgegen
kommst du in Wahrheit
dir entgegen

Draußen

Das
Blau
des
Himmels

Unbegreiflich

Wenn

es

stürmt

beugt

sich

das

Sanfte

Ist
das Leben
nicht wichtiger
als alle Ideen
darüber?

Durchbrechen
können wir nur da
wo fast alles
zu ist

In
der
Bewegung
ist oft mehr Halt
als wir erkennen
können

Wie still
muß unser Herz werden

Bis es sein eigenes
Lied hört

Das
Licht
schwindet

So erscheint es
dem
Stürzenden

Endlich!

Dem
Ruf
des
Herzens
folgen

So
rätselhaft

So
voller
Hoffnung

Vor
allen Dingen
fesselt uns
die eigene
Vorstellung
von uns selbst

Verneinung
oder
Bejahung

Jenseits davon
Veränderung

Leben
ist heilig

Immer

Wo ist da
Alltag

Ich
werde reifen
durch Begegnung
durch Berührung

Schmerzhaft
oder zart

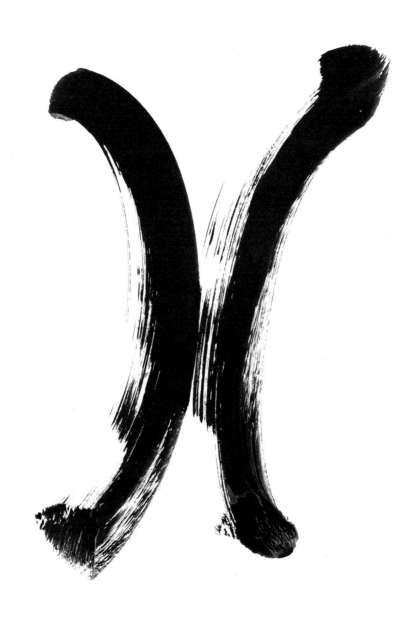

Widerstand
erzeugt
Schmerzen

Aufmachen
und
tanzen

Nach
der
göttlichen
Musik

Es kommt
nicht so sehr darauf an
das Bestehende
zu bejahen

Als das
was werden will

Immer
wieder
der Zärtlichkeit
vertrauen

Wenn
dein Herz
zerspringt
frage nicht warum

Achte auf den
Klang

Es ist
Zeit weiterzugehen
wenn das Ziel
erreicht
ist

Sehnsucht wird
Begrenzungen überwinden

Und alle Horizonte
erwarten
uns

Nacktheit
spüren

Das
Herz
entkleiden

In
der Wüste
ist kein Wasser

Solange du nicht
danach gräbst

Unser
Herz
ist
unruhig

Bis es unterwegs
ist

Eine
Spur
legen

Ins
Unbekannte

Sonnenreigen

Sternenmeer
und
Schöpfungstanz

Woher
Wohin

Wir
fallen nicht
um liegenzubleiben

Aufstehen
lernen

Alles
Begegnen
ist
sich wieder finden
wollen

Wenn

der

Wind

weht

setze

die

Segel

Leben
erschließt
sich
durch
Hingabe

An
das
Leben

Alles
ist
Weg

Wenn
du
nur
gehen
willst

Abschied

Ewiges
Lied
der
Wandlung

Sind
wir nicht
wie Feuer und Wasser
wie Erde und Wind

Mit der Tiefe
und dem Himmel
verbunden

Die
Entbehrung der Liebe
macht uns reif
für sie

Baum
des Lebens

Wächst
in Stürmen
himmelwärts

Welche
Schönheit

Den
Sprung
wagen

Es
ist
Zeit

Immer

Wir
sind nicht
unfähig zur Liebe

Wir haben nur Angst davor
ihr zu erliegen

Sehnsucht

Du
öffnest
die
Tür

Zur
Wirklichkeit

Auf
den Wellen
der Wahrheit

Das Meer des Lebens
überqueren

Brücken

führen

uns

auf

die

andere

Seite

Gebrochene
Herzen
sind
offene
Herzen

Auch
unsere Tränen
führen uns ins Meer
der Wahrheit

Wir müssen
sehr schwach werden
um unsere Stärke
zu entdecken

Komm

Wenn du die Musik hörst

Leben
wird immer
geheimnisvoller

Je mehr wir uns ihm
nähern

Sind
deine Tage
dunkel

Erleuchte
dein
Herz

Ausbrechen!

In
das
wahre
Leben

Erwachen
in der Ahnung
die uns langsam
zur Gewißheit
wird

Es ist
möglich!

Ein Hauch von Wirklichkeit

Jedes Suchen beginnt mit dem Abschied von der Illusion, wir wüßten, was Wirklichkeit sei, und nährt sich von der Sehnsucht danach, eine bewußtere Wahrnehmung für das zu entwickeln, was immer da ist: Die geteilte Realität hinter allen Erscheinungsformen der inneren und äußeren Welt.

Worte können nie ein direktes Abbild dieser ungeteilten Wirklichkeit sein, weil sie eine Form der Teilung des Einen Ganzen in die Erscheinungsformen dieser Welt darstellen. Werden Worte aber so verwendet, daß sie den gewohnten Umgang mit Sprache, die wir so leicht mit der Wirklichkeit verwechseln, aufbrechen, dann können sie ein Wegweiser sein dafür, daß das Wesentliche, die Essenz, jenseits dessen liegen, wofür Sprache steht.

Auch bildhafte Zeichen, die den Bereich des Symbolischen berühren, können erlebbar werden als Botschaft nicht mehr eines individuellen Ichs, sondern als direkte Manifestation der ungeteilten Wirklichkeit. Der Künstler wird dann zum Kanal, der diese Manifestation durch seine Persönlichkeit prägt, ohne an ihrer Essenz etwas zu ändern.

Wo Worte und Zeichen so erscheinen, verbinden sie unmittelbar Kopf und Herz, werden zur Anregung, uns in der Flut der Worte und Bilder unserer Zeit für einen Augenblick zu sammeln und offen zu sein, für das, was immer da ist, aus dem heraus wir leben und Kraft finden.

So entsteht ein faßbarer und die Lust auf Mehr vermittelnder Hauch von Wirklichkeit. Ein Sinn-Spruch in diesem Buch ist ein schönes Symbol dafür, worum es geht: Wenn der Wind weht, setze die Segel.

Je aufmerksamer und offener wir werden, desto mehr werden wir spüren, daß der Wind immer weht, und es nur an uns liegt, die Segel zu setzen, um einem allumfassenden Meer von Bewußtsein spannende und bereichernde Reisen abzugewinnen, die uns in unserer persönlichen Entwicklung weiterführen. Dieses Buch ist eine Einladung dazu, den Anker zu lichten.

Andreas Giger

CIP-Kurztitelaufnahme der Deutschen Bibliothek

Frei, Reiner:
Wie Erde und Wind : Gedanken und Zeichen zur Wirklichkeit
Reiner Frei. – Freiburg im Breisgau : Bauer, 1987.
(Edition Phönix)
ISBN 3-7626-9500-8

Die »edition phönix« erscheint im
Verlag Hermann Bauer, Freiburg im Breisgau.

1987
ISBN 3-7626-9500-8
© 1987 by Verlag Hermann Bauer KG, Freiburg im Breisgau.
Alle Rechte vorbehalten.
Titelbild: Fred Weidmann
Satz: Setzerei Vornehm, München
Druck und Bindung: Rombach: Druckhaus KG
Printed in Germany.